VENTE DU SAMEDI 15 DÉCEMBRE 1883
HOTEL DROUOT, SALLE N° 5

TABLEAUX ANCIENS

Mᵉ PAUL CHEVALLIER, Commissaire-priseur

M. E. FÉRAL, Peintre-Expert

CATALOGUE

DE

TABLEAUX ANCIENS

Beaux Portraits de l'école française du XVIIIe siècle

ŒUVRES DE :

F. Boucher, Le Brun, Casanova, Greuze, Van Loo,
Mignard, Peter Boel, Cuyp, Van Dyck, G. Metzu, Van der Neer,
A. Van Ostade, J. et S. Ruysdaël, Teniers, Ph. Wouwerman,
Canaletti, etc., etc.

TRÈS BEAU PASTEL PAR Mme LABILLE GUIARD

Belles Peintures du XVIe siècle.

QUATRE BEAUX PANNEAUX DÉCORATIFS PAR COYPEL

DONT LA VENTE AURA LIEU

HOTEL DROUOT, SALLE N° 5

Le Samedi 15 Décembre 1883,

A deux heures et demie.

COMMISSAIRE-PRISEUR	EXPERT
Me PAUL CHEVALLIER	M. E. FÉRAL, Peintre
10, rue de la Grange-Batelière	54, Faubourg-Montmartre

Chez lesquels se trouve le présent Catalogue.

EXPOSITIONS

PARTICULIÈRE. Le Jeudi 13 Décembre 1883,
PUBLIQUE. Le Vendredi 14 Décembre 1883,
De une heure à cinq heures.

CONDITIONS DE LA VENTE

La vente sera faite au comptant.

Les acquéreurs payeront *cinq pour cent* en sus des enchères applicables aux frais.

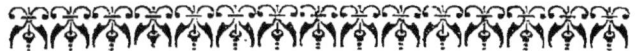

DÉSIGNATION

BELGAMBE (Jean)

1 — JÉSUS AU MILIEU DES DOCTEURS.

Au premier plan, saint Joseph montrant à la Vierge surprise l'Enfant Jésus dans le Temple, assis au centre, et discutant avec les Docteurs, qui l'entourent.

Les vêtements des personnages sont peints en grisaille, les chairs sont colorées.

Volet de triptyque, cintré du haut.

Provenant de l'ancienne abbaye d'Hénin-Liétard.

Bois Haut., 92 cent.; Larg., 37 cent.

BELGAMBE (Jean)

2 — LE CHRIST DESCENDU DE LA CROIX.

La Vierge tient sur ses genoux le corps de Jésus; à gauche, saint Jean; à droite, sainte Madeleine; au second plan deux saintes femmes.

Volet de triptyque, cintré du haut.

Pendant du numéro précédent.

Bois. Haut., 92 cent.; Larg., 37 cent.

BELLE (Alexis Simon).

3 — PORTRAIT D'UNE JEUNE DAME DE LA COUR DE LOUIS XV.

Elle est debout, dans un jardin, vue jusqu'aux genoux, la tête de face, les cheveux frisés et poudrés, vêtue d'une robe décolletée en soie blanche avec broderies d'argent ; elle s'appuie sur la caisse d'un oranger placé à sa gauche, et tient à la main droite une écharpe de soie bleue que le vent fait voltiger.

Charmant portrait, dans son cadre de l'époque en bois sculpté.

Toile. Haut., 1 m. 20 cent.; Larg., 95 cent.

BÉNARD

4 — LES AMANTS.

Ils sont assis auprès d'une fontaine; le jeune homme tient un chardonneret que la jeune fille va mettre en cage.

Toile. Haut., 43 cent.; Larg., 52 cent.

BOILLY (Louis)

5 — MAXIMILIEN DE ROBESPIERRE A VINGT-QUATRE ANS.

Il est vu à mi-corps, la tête de trois quarts tournée à gauche, la main droite dans le gilet, les cheveux poudrés. Cravate blanche, habit bleu foncé à boutons d'acier et gilet jaune.

M. Paris a placé la photographie de ce portrait en tête de son volume *la Jeunesse de Robespierre*, il y donne une note qui ne laisse aucun doute sur le personnage représenté.

Peinture de la jeunesse de l'artiste.

Toile. Haut., 65 cent.; Larg., 50 cent.

BOILLY (Louis)

6 — INTÉRIEUR DE CUISINE.

Une jeune femme assise tient sur ses genoux un plat en cuivre rouge et une écumoire ; à sa gauche, des légumes, un pain entamé et différents objets posés sur une table ; à terre, de nombreux ustensiles tels que casseroles, marmites, pots de grès, etc.

Toile. Haut., 60 cent.; Larg., 53 cent.

BOEL (Peters)
ET
ARTOIS (Van)

7 — GIBIER DANS UN PAYSAGE.

Deux canards, un lapin de garenne, des perdrix, un fusil et différents ustensiles de chasse posés au pied d'un monticule surmonté de quelques arbres; sur la droite, un paysage fuyant avec ciel brillant légèrement nuageux.

Superbe peinture, d'une conservation parfaite et d'une exécution rappelant les plus belles œuvres de Fyt.

Le paysage, très habilement peint, est de Jacques Van Artois.

Toile. Haut., 1 m. 45 cent.; Larg., 1 m. 15 cent.

BOUCHER (François)

8 — NYMPHES DANS UN PAYSAGE.

L'une, assise sur un tertre, tient une couronne, elle est vêtue d'une robe bleuâtre, les épaules et les jambes nues; l'autre étendue et appuyée sur les genoux de sa compagne, tient des fleurs sur une écharpe de soie bleue passée autour de son corps; des fleurs sont jetées à leurs pieds.

Charmant tableau, d'une remarquable franchise d'exécution.

Toile ovale, dans un cadre en bois sculpté.

Haut., 80 cent.; Larg., 1 m. 25 cent.

BOUCHER (Attribué à F.)

9 — LES PETITS BERGERS.

Il sont assis au pied d'un bouquet d'arbres au bord d'un cours d'eau.

Le petit garçon a posé à terre sa hotte, pleine de raisins, la petite fille, vêtue d'une robe en soie rose, prend des grappes dans son panier et les offre à son petit compagnon.

Toile. Haut., 84 cent.; Larg., 1 m. 25 cent.

CAMPHUYSEN

(DEUX PENDANTS)

10 — PAYSAGES MONTUEUX ET BOISÉS AVEC FIGURES ET ANIMAUX.

Au centre de chacun, une église entourée de maisons.

Bois. Haut., 45 cent.; Larg., 68 cent.

CANALETTI (Antonio da Canal, dit)

11 — LE GRAND CANAL, A VENISE.

De nombreuses gondoles sillonnent en tous sens les eaux du canal qui fuit sous le regard, en droite ligne, entre les deux quais bordés de palais, d'édifices publics et de maisons.

L'effet général, très puissant, est d'une surprenante vérité. Les détails d'architecture sont rendus avec une grande légèreté de pinceau.

Toile. Haut., 49 cent.; Larg., 75 cent.

CASANOVA

12 — HALTE DE CHASSE.

Des dames et des seigneurs terminent leur repas assis auprès d'une fontaine; l'un d'eux debout, le fusil sur l'épaule, se dispose à partir; sur la droite, un cavalier suivi de ses chiens.

Gracieuse composition, habilement peinte.

Toile. Haut., 65 cent.; Larg., 52 cent.

CHARPENTIER

13 — JEUNE FEMME PUISANT DE L'EAU.

Elle est debout retirant du puits un cruchon de grès ; un chien couché sur un banc semble défendre un os qu'il tient entre ses pattes.

Quelques ustensiles de cuivre se trouvent au premier plan.

Bois. Haut., 25 cent.; Larg., 20 cent.

COYPEL

14 — PORTRAIT D'UNE PETITE PRINCESSE.

Vue à mi-corps, vêtue d'une robe bleue décolletée doublée de satin rose, elle tient une guirlande de fleurs.

Toile. Haut., 78 cent.; Larg., 55 cent.

COYPEL

(QUATRE PENDANTS)

14 bis. — FLORE ET ZÉPHIRE.
BACCHUS ET ARIANE.
VÉNUS COMMANDANT A VULCAIN DES ARMES POUR ÉNÉE.

VERTUMNE ET POMONE.

Très-beaux panneaux décoratifs, dans les cadres du temps, en bois sculpté.

Toiles. Haut., 1 m. 80. Larg., 1 m. 15.

CUYP (Albert)

15 — LE REPOS DES CHASSEURS.

Ils se reposent au pied d'un coteau, auprès d'un arbre; au premier plan, un valet accouple deux chiens lévriers; un jeune homme, descendu de sa monture, cause avec une jeune femme.

Bon tableau d'un ton chaud et doré, première manière du maître.

Bois. Haut. 67 cent.; Larg., 56 cent.

DESPORTES (François)

15 bis. — UN PLAT D'ARGENT AVEC JAMBON.

Une assiette avec fourchette, une botte de radis, des salières, etc., le tout sur une table en partie couverte par une nappe.

Signé et daté, 1704. — Parfaite conservation.

Haut., 65 cent. Larg., 90 cent.

DONVÉ

16 — PORTRAIT DE JOSEPH LEBON.

En buste, les cheveux poudrés, habit bleu, col rabattu et ouvert sur la poitrine.

A ce portrait sont jointes une médaille en argent et une cocarde aux trois couleurs que le conventionnel portaient d'habitude.

Bois. Haut., 17 cent.; Larg., 13 cent.

DYCK (Anton Van)

17 — L'ADORATION DES BERGERS.

Assise devant les colonnes cannelées d'un ancien palais, la Vierge Marie, la tête enveloppée d'un long voile, est vêtue d'une robe rose et d'un manteau bleu. Soulevant ce manteau, elle découvre l'Enfant Jésus endormi sur ses genoux. Trois bergers sont en adoration. Saint Joseph, debout derrière la Vierge, élève ses regards vers le ciel où apparaissent des Anges, dont un déploie une banderole.

Belle esquisse, peinte par de légers frottis dans les tons transparents et avec une extrême sûreté de main.

Panneau. Haut., 56 cent.; Larg., 41 cent.

GÉRICAULT (Théodore)

18 — LE MAMELOUK.

Vu jusqu'à la ceinture portant une veste rouge à manches bleues, un poignard au côté.

Provient de la collection du roi Louis-Philippe dont il porte le chiffre au dos de la toile.

Collection Walferdin, 1880.

Toile. Haut., 30 cent.; Larg., 22 cent.

GREUZE (Jean-Baptiste)

19 — JEUNE FILLE ÉCRIVANT.

Elle est assise, accoudée à son bureau, vue à mi-corps, la figure de trois quarts à gauche, les cheveux blonds, poudrés, coiffée d'un petit chapeau orné de rubans bleus noués sous le menton; robe blanche, fichu de mousseline; elle tient une plume et semble réfléchir.

Toile. Haut., 65 cent.; Larg., 50 cent.

GREUZE (Jean-Baptiste)

20 — LA MÉDITATION.

Une jeune fille, aux cheveux blonds, accoudée sur une

table, le front dans la main, les yeux baissés, semble absorbée dans une pensée de mélancolique regret ; ses épaules sont enveloppées d'un fichu jaunâtre.

Toile. Haut., 40 cent.; Larg. 31 cent.

GUIARD (Labille Mme)

21 — JEUNE FILLE EN BUSTE.

La tête renversée sur un coussin de soie verte, abondante chevelure blonde, serrée par un ruban bleu, retombant sur ses épaules nues.

Ce pastel est un des plus beaux que l'on puisse voir; la figure de la jeune fille est vivante, les carnations rosées, d'une remarquable fraîcheur, peuvent le faire comparer aux plus belles productions de Greuze.

Signé : Labille F. Guiard, 1779.

Haut., 55 cent.; Larg., 45 cent.

HELLART

22 — PORTRAIT D'UNE DAME AVEC SA FILLE.

La mère est assise sur une terrasse, le bras droit appuyé

sur une console, elle est vue à mi-jambes, couverte d'un manteau en velours grenat doublé de satin jaune.

Sa fille debout, vêtue d'un charmant costume bleu à galons d'argent avec manches de mousseline pendantes, se penche et va passer ses bras autour du cou de sa mère.

Très beau et charmant portrait, digne du pinceau de Largillière.

Signé et daté 1710.

Cadre en bois sculpté.

Haut., 1 m. 30 cent.; Larg., 98 cent.

LE BRUN (Charles)

23 — PORTRAIT D'HOMME.

Il est debout, vu à mi-corps, la main gauche sur la hanche, tenant son chapeau, les cheveux blonds bouclés, la figure de trois quarts regardant vers la droite ; il porte un col de guipure rabattu, un vêtement noir, avec manches ouvertes laissant voir une chemise blanche.

A sa droite, un citronnier, dans une caisse, dont il vient de détacher un fruit.

Très beau portrait.

Toile. Haut., 1 m. 10 cent.; Larg., 85 cent.

METZU (Gabriel)

24 — LA MÉNAGÈRE HOLLANDAISE.

Vue à mi-jambes, coiffée d'un feutre à bords arrondis, vêtue d'une casaque violacée et d'une guimpe en toile, elle se verse un verre de liqueur dans un petit gobelet en métal.

Bois. Haut., 18 cent.; Larg., 16 cent.

MICHEL (Georges)

25 — INTÉRIEUR DE FORÊT.

Sur la gauche, un vieux chêne aux branches brisées; au centre, une paysanne portant un fagot de bois.

Toile. Haut., 50 cent.; Larg., 70 cent.

MIGNARD (Attribué à Pierre)

26 — PORTRAIT DE JEUNE FEMME.

Assise, vue à mi-corps, les cheveux châtains bouclés; robe décolletée, le bras droit appuyé sur un coussin.
Toile ovale.

Haut., 1 m.; Larg., 80 cent.

NEER (Aart van der)

27 — L'HIVER EN HOLLANDE.

Le sol est couvert de neige; au centre, une femme et deux villageois armés de haches coupent les branches d'un arbre brisé et en font des fagots que l'un deux a chargé sur ses épaules; plus loin, des villageois patinent, d'autres jouent aux boules; sur la gauche, des maisons; vers le fond, une église dont le clocher se détache sur un ciel nuageux.

Superbe et important tableau, d'une exécution large et facile.

Signé du monogramme.

Toile. Haut., 95 cent.; Larg., 1 m. 08 cent.

NEER (A. van der)

28 — RIVIÈRE DE HOLLANDE. — CLAIR DE LUNE.

La lune sort des nuages qui tourbillonnent à l'horizon et illumine tout à coup autour d'elle leurs innombrables contours, comme dans un ciel d'apothéose.

Elle projette une longue traînée lumineuse sur la rivière bordée d'arbres, d'habitations, de moulins.

Au loin, sur la partie éclairée du ciel et de l'eau, se profile en noir un bateau avec sa voile.

Au premier plan, un homme et un enfant, suivis d'un chien, sont arrêtés près d'un palis sur une langue de terre où se dresse un grand peuplier; à droite, un homme armé d'un long bâton traverse une passerelle.

Signé des initiales, en bas, sur un tronc d'arbre.

Bois. Haut., 46 cent.; Larg., 76 cent.

OSTADE (Adriaan Van)

29 — LE TRIO RUSTIQUE.

Deux campagnards, l'homme et la femme, le premier coiffé d'un bonnet rouge, le pied posé sur un escabeau, la seconde, en robe grise, la tête enveloppée d'un fichu blanc, sont assis et chantent les couplets d'une joyeuse complainte imprimée sur un grand feuillet qu'ils tiennent tous les deux.

Un troisième compère, debout derrière leur chaise, chante avec eux et accentue le rythme, en frappant du poing sur le couvercle d'une canette qu'il a prise sur un buffet.

Signé, à droite, sur le buffet:

A. V. Ostade.

Panneau ovale.

Bois. Haut., 24 cent.; Larg., 22 cent.

RIGAUD (Hyacinthe)

30 — PORTRAIT D'UN SEIGNEUR.

Debout devant une table, vu à mi-corps, vêtu d'un élégant vêtement de soie feuille morte, drapé dans un manteau en velours violet doublé d'un riche tissu à broderies d'or, la tête de trois quarts, perruque poudrée ; il tient un volume.

Charmant portrait, remarquable de finesse et de distinction, dans un cadre en bois sculpté.

Toile. Haut., 1 m. 08 cent.; Larg., 83 cent.

RUYSDAEL (Jacob Van)

31 — ENTRÉE DE FORÊT.

Au premier plan, une nappe d'eau ; un chasseur a quitté sa monture pour tirer sur les oiseaux qui voltigent au-dessus de la mare ; des villageois attendent un peu plus loin.

Trois chênes aux troncs noueux s'élèvent au-dessus d'un monticule verdoyant où paissent des moutons.

Ciel nuageux.

Les figures sont de Ph. Wouwerman.

Bois. Haut., 52 cent.; Larg., 63 cent.

RUYSDAEL (Salomon)

32 — LA PLAGE DE SCHEVENINGEN.

Le terrain est inégal au premier plan, quelques personnages, groupés sur un monticule, regardent la pleine mer; vers le fond, deux cavaliers longent la plage ; plus loin une église et des maisons de pêcheurs.

Signé du monogramme et daté 1663.

Bois. Haut., 33 cent.; Larg., 27 cent.

RUYSDAEL (Salomon)

(PENDANT DU PRÉCÉDENT)

33 — LA PLAGE DE SCHEVENINGEN.

Des pêcheurs avec leurs paniers attendent la marée basse; sur la gauche, un groupe de promeneurs au sommet de la butte. Vers le fond, un village en partie caché dans les plis du terrain.

Signé du monogramme et daté 1663.

[Bois. Haut., 33 cent.; Larg., 27 cent.

TENIERS (David)

34 — LE CHANTEUR.

Deux Flamands, dont l'un tenant une canette, se pressent contre le chanteur, coiffé d'un feutre pointu à plumes, accoudé sur le bord d'une table, une main dans l'ouverture de sa veste.

Figures à mi-corps.

Bois. Haut., 16 cent.; Larg., 13 cent.

VAN LOO (Carle)

35 — PORTRAIT DE JEUNE FEMME.

Assise, la figure de face, les cheveux poudrés, bonnet de dentelles avec rubans roses, elle porte un vêtement de soie blanche bordé de fourrures, et tient une quenouille.

A sa droite, un amour tient un rouet dont elle fait mouvoir la roue.

Fond de paysage.

Gracieux portrait.

Toile. Haut., 92 cent.; Larg., 72 cent.

VERNET (Genre de J.)

36 — PÊCHEURS AU BORD D'UNE RIVIÈRE.

Toile. Haut., 37 cent.; Larg., 45 cent.

VITRINGA (W.)

37 — LE ZUYDERZÉE.

La mer est légèrement agitée; au centre, un bateau toutes voiles dehors; sur la gauche, un navire de guerre; vers le fond, de nombreux bateaux sillonnent la mer.

A l'horizon, on aperçoit les maisons et les clochers d'une ville hollandaise.

Bois. Haut., 50 cent.; Larg., 70 cent.

WOUWERMAN (Philips)

38 — LE MONTICULE SABLONNEUX.

Cavaliers et villageois sur un chemin tournant; au bas des tertres sablonneux plantés d'un bouquet d'arbres. Le chemin longe un petit canal traversé par une passerelle en bois. Au premier plan, deux hommes poussent une barque dans l'eau. Légers nuages dans une atmosphère bleuâtre.

Tableau peint dans le goût de Wynants, dont Wouwerman était l'élève.

Signé et daté.

Bois. Haut., 35 cent.; Larg., 43 cent.

ÉCOLE FLAMANDE (xvıᵉ siècle)

39 — APPARITION DE JÉSUS-CHRIST A SAINT THOMAS.

Sous une riche abside avec trois ouvertures donnant sur un beau paysage, le Christ debout couvert d'un manteau et tenant un labarum flottant; à sa droite, saint Thomas, agenouillé touchant les plaies du Christ; à gauche, une religieuse en prière.

Au second plan, sainte Marguerite. Sur les côtés de l'abside, six petits tableaux représentant les principaux traits de la légende de saint Thomas.

Ce tableau provient du monastère du Mont-Sainte-Marie de Gosnay, près Béthune.

Bois. Haut., 87 cent.; Lag., 87 cent.

ÉCOLE FLORENTINE (xvᵉ siècle)

40 — LE MASSACRE DES INNOCENTS.

Bois. Haut., 96 cent.; Larg., 78 cent.

ÉCOLE FRANÇAISE

41 — JEUNE FILLE EN BUSTE.

Elle est vêtue d'une robe bleue avec crevés aux manches, collerette plissée, cheveux blonds serrés par un ruban bleu.
Bonne copie ancienne d'après Greuze.

Toile. Haut., 45 cent.; Larg., 37 cent.

ÉCOLE FRANÇAISE

42 — SUJET ALLÉGORIQUE.

Esquisse pour un plafond.

Toile. Haut., 22 cent.; Larg., 33 cent.

ÉCOLE HOLLANDAISE

43 — RIVIÈRE HOLLANDAISE.

Avec bateaux chargés de villageois.

Bois. Haut., 50 cent.; Larg., 1 m. 10 cent.

ÉCOLE ITALIENNE (xvie siècle)

44 — DEUX SUJETS RELIGIEUX, DANS LE MÊME CADRE.

Au centre, la Vierge donnant le sein à l'Enfant Jésus, à ses côtés, saint Jean et saint Etienne.

Au dessus, dans un cintre, le couronnement de la Vierge.

45 — DEUX SUJETS RELIGIEUX, DANS LE MÊME CADRE.

Au centre, la Résurrection. Au-dessus, dans un cintre, le Christ dans le Ciel, reçu par Dieu le Père.

CHAPLIN

46 — UNE BAIGNEUSE.

Dessin à la sanguine et au crayon noir, dans un joli cadre en bois sculpté.

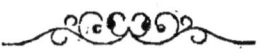

IMPRIMÉ PAR PILLET ET DUMOULIN
RUE DES GRANDS-AUGUSTINS, 5, A PARIS

www.ingramcontent.com/pod-product-compliance
Lightning Source LLC
Chambersburg PA
CBHW050038230526
45470CB00003B/1341